Helen Keller

UNA NUEVA VISIÓN

Tamara Leigh Hollingsworth

Consultores

Dr. Timothy Rasinski
Kent State University

Lori Oczkus
Consultora de alfabetización

Maggie Jacoby
Helen Keller International

Basado en textos extraídos de
TIME For Kids. *TIME For Kids* y el logotipo
de *TIME For Kids* son marcas registradas
de TIME Inc. Utilizados bajo licencia.

Créditos de publicación

Dona Herweck Rice, *Jefa de redacción*
Conni Medina, *DIrectora editorial*
Lee Aucoin, *Directora creativa*
Jamey Acosta, *Editora principal*
Lexa Hoang, *Diseñadora*
Stephanie Reid, *Editora de fotografía*
Rane Anderson, *Autora colaboradora*
Rachelle Cracchiolo, *M.S.Ed., Editora comercial*

Créditos de imágenes: tapa, pág. 1: akg-images/Newscom; págs. 26, 48: Alamy; págs. 2–3, 16, 32, 35 (arriba): Associated Press; pág. 34: Corbis; págs. 7, 11, 12, 13, 17, 21, 23: cortesía de Perkins School for the Blind, Watertown, MA; págs. 28, 30, 31, 36: cortesía de la American Foundation for the Blind, Helen Keller Archives; pág. 19 (abajo): Getty Images; págs. 6, 7 (ambas), 24, 35 (abajo), 39: Time & Life Pictures/Getty Images; págs. 8, 15 (abajo): The Granger Collection; págs. 5, 10, 14, 20, 22, 25: Biblioteca del Congreso; págs. 29, 38: KRT/Newscom; pág. 15 (arriba): Picture History/Newscom; pág.18: Xinhua/Photoshot/Newscom; págs. 33, 43: ZUMA Press/Newscom; págs. 40-41: Timothy J. Bradley; todas las demás imágenes de Shutterstock.

Teacher Created Materials

5301 Oceanus Drive
Huntington Beach, CA 92649-1030
http://www.tcmpub.com
ISBN 978-1-4333-7096-0
© 2013 Teacher Created Materials, Inc.
Printed in China
YiCai.032019.CA201901471

Tabla de contenido

Un corazón esperanzado

Imagina el silencio. Imagina la oscuridad. Imagina un mundo sin colores ni risas. Esa oscuridad silenciosa fue el único mundo que Helen Keller conoció. Era el siglo XIX. La gente no sabía mucho sobre **discapacidades**. Muchas personas **sordas** y **ciegas** eran consideradas una pesada carga. A menudo se las enviaba a vivir lejos de sus familias.

Durante gran parte de su vida, Helen luchó contra lo que otras personas pensaban de ella. Luchó contra lo que ella pensaba de sí misma. Sin embargo, con el tiempo, Helen aprendió a creer en sí misma. Hasta en los momentos de oscuridad y soledad, ella intentó conectarse con el mundo. Y lo más importante de todo, aprendió a no perder nunca la esperanza y a seguir soñando.

PARA PENSAR

- ¿Qué podemos aprender de la vida de Helen Keller?
- ¿Cómo reaccionarías tú si fueras Helen Keller?
- ¿De qué manera piensas que la vida de Helen habría sido diferente si hubiese nacido hoy?

Imagina el silencio.

Imagina la oscuridad.

Imagina
un mundo sin
sin colores ni risas.

Esa
oscuridad silenciosa
fue el único mundo que
Helen Keller
conoció.

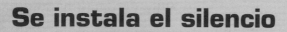

Se instala el silencio

   Helen Keller nació el 27 de junio de 1880 en Tuscumbia, Alabama. Su época de bebé estuvo llena de juegos y diversión. Pero cuando tenía 19 meses de edad se enfermó gravemente. Tuvo una fiebre muy alta. Perdió la capacidad de ver y oír. Sus padres no sabían qué hacer por ella. Consultaron a varios médicos, pero ellos no sabían cómo ayudarla. El mundo de Helen Keller se volvió silencioso y oscuro. Los bebés aprenden a hablar observando y escuchando a las personas que los rodean. Pero ahora, Helen no podía hacer ninguna de las dos cosas.

Helen cuando era niña

Arthur Henley Keller

Kate Adams Keller

Palabras silenciosas

La gente usa las palabras para contarles a otros sobre sus esperanzas, sus sueños y sobre sus deseos y necesidades diarias. Helen intentaba mover su cuerpo para ayudar a sus padres a comprender qué deseaba. Por ejemplo, si quería helado, hacía dos movimientos. Primero movía su mano en círculo, como si accionara una máquina de helado. Luego tiritaba.

La niña salvaje

Muchos familiares de Helen la llamaban una niña salvaje, porque como no podía decir lo que necesitaba, hacía berrinches. Con frecuencia se acostaba en el piso y sacudía las piernas. No permitía que la gente la abrazara ni tratara de consolarla. Ella no confiaba en que la gente quería ayudarla. Una vez Helen escribió que, cuando era pequeña, sentía que vivía en un "no mundo".

Un misterio médico

En la actualidad usamos medicamentos para evitar los gérmenes y tratar las enfermedades, pero en el siglo XIX, la gente a menudo quedaba **dañada** después de enfermarse. No había muchos medicamentos para ayudar a las personas. A veces las personas debían someterse a una **amputación**. Otras veces podían volverse sordos o ciegos. Cientos de años atrás, las discapacidades significaban que esas personas no podían trabajar ni cuidarse a sí mismas. Hoy en día, esas dificultades no impiden a las personas tener vidas maravillosas.

En la actualidad, más de 70,000 estadounidenses son sordos y ciegos.

sala de niños en un hospital durante la Guerra de Secesión

Fiebre cerebral

Los médicos de Helen llamaron a su enfermedad fiebre cerebral. Hoy en día, los médicos creen que pudo haber sufrido **escarlatina** o **meningitis**. Durante muchos días, su médico y sus padres creyeron que moriría. Cuando la fiebre bajó, sus padres se alegraron porque creyeron que estaba curada. Pero más tarde se hizo evidente que algo andaba mal.

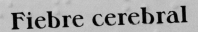

Sin respuesta

Al principio, la señora Keller no sabía que su hija había perdido la capacidad para ver y oír. Como Helen era bebé, no podía comunicar a nadie que tenía un problema. Poco después de su enfermedad, la madre de Helen tocó la campana para la cena, pero la niña no giró la cabeza para mirar. En ese momento la señora Keller supo que algo andaba mal.

Sola

Los padres de Helen no estaban seguros de cómo ayudarla, así que a menudo la dejaban sola. Pocas personas jugaban, caminaban o leían con ella. Helen pasó los cinco años siguientes sintiéndose indefensa y **abandonada**. Su mundo era silencioso y oscuro. Perdió la fe en las personas y se volvió una persona enojada. Sus padres se sentían tan perdidos como ella. Sin embargo, estaban **decididos** a ayudarla.

el hogar de los Keller

Encuentro con el Sr. Bell

Los padres de Helen la llevaron a una consulta con un **oculista**. El médico examinó sus ojos, pero dijo que no podía hacer nada por ella. Sin embargo, el médico pensó que podía ayudarla. Habló con los padres de Helen sobre el inventor Alexander Graham Bell. Bell conocía el trabajo con las personas sordas porque su madre y su esposa eran sordas. Los padres de Helen buscaron a Bell y le pidieron ayuda. Él les habló de la Escuela Perkins para Ciegos.

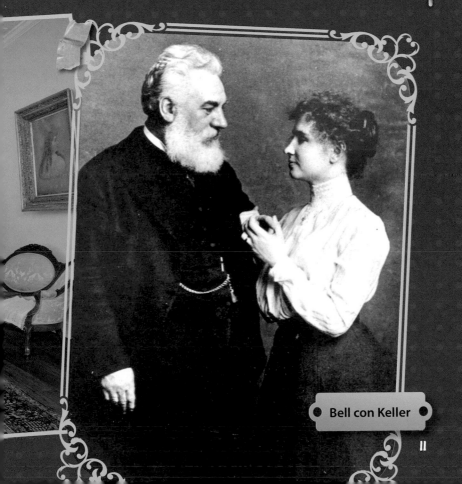

Bell con Keller

Querida Anne

Cuando Helen tenía casi siete años, sus padres escribieron al Dr. Michael Anagnos de la Escuela Perkins. Le **suplicaron** que los ayudara. Él prometió enviar a Anne Sullivan. Ella era una maestra entrenada para ayudar a alumnos como Helen. Cuando se conocieron, Helen no sabía que Anne quería ayudarla. Enojada, Helen la trataba mal. Incluso llegó a romperle dos dientes a Anne.

Anne Sullivan sabía que ella y Helen debían ponerse de acuerdo. Anne sabía qué difícil era la vida para Helen. Ella misma era prácticamente ciega. Antes de ser maestra, vivía en un **asilo de pobres**. Allí le había resultado difícil conseguir ayuda. Ella sabía lo que era sentirse sola y tener miedo. Anne había sido alumna de la Escuela Perkins. El médico esperaba que Anne pudiera enseñar a Helen nuevas formas de comunicación.

Anne era la mejor alumna de su clase en Perkins, pero sus maestras la llamaban "Señorita Fierabrás" porque tenía mal genio.

Anne comenzó usando sus manos para comunicarse con Helen.

El sueño de Anne

Anne Sullivan creía en el poder de la educación. Sabía que las personas tenían más posibilidades de triunfar si asistían a la escuela. Anne pudo asistir a Perkins porque un hombre adinerado vio cómo a ella le gustaba la escuela, y pagó para que Anne pudiera asistir.

Aprender a confiar otra vez

Anne tuvo que ganarse la confianza de Helen. Llevó a Helen a vivir a una casita en la parte trasera de la casa de los Keller, donde permanecieron durante dos semanas. Allí, Anne **aplicó** reglas de comportamiento con Helen. Fue severa y paciente. Fue la única manera de enseñar a Helen a seguir las indicaciones. Comenzó hablándole a Helen con sus manos. Helen no podía ver, así que Anne usó los dedos para dibujar en la palma de la mano de Helen.

Con el tiempo se produjo un cambio en Helen. Finalmente se dio cuenta de que Anne estaba allí para enseñarle a aprender. No podía ver, ni oír, ni hablar. Pero Helen era muy inteligente. Hasta que conoció a su maestra, no había tenido manera de demostrarlo.

"Ivy Green", la casa de Helen Keller en Alabama

14

Aprender de los amigos

Mientras estuvo en Perkins, Anne aprendió muchas cosas de su amiga Laura Bridgman. Ella era ciega y sorda. Laura enseñó a Anne a comunicarse con las personas que no podían hablar. Una de las cosas más importantes que Anne aprendió fue que las personas ciegas y sordas son tan inteligentes como las demás.

● Laura Bridgman ●

"Me desperté y descubrí que todo estaba oscuro y en silencio; supongo que creí que era de noche, y debo de haberme preguntado por qué el día tardaba tanto en llegar. Sin embargo, poco a poco me acostumbré al silencio y a la oscuridad que me rodeaban, y olvidé que alguna vez había sido de día".

–Helen Keller

● Keller con Sullivan ●

15

En esta bomba de agua Helen comprendió que las palabras eran nombres.

Un día, Anne y Helen estaban afuera, junto a la bomba de agua. Helen aún no sabía que las palabras eran los nombres que se daban a las cosas. Pero Anne tuvo una idea: puso una de las manos de Helen bajo el agua corriente. Helen sintió el líquido fresco sobre su piel. En la palma de su otra mano, Anne escribió las letras A-G-U-A. Ahora, Helen comprendió. Tomó la mano de Anne y copió los movimientos que ella hacía.

Pronto, Helen aprendió a hablar con sus manos. Los padres de Helen habían pasado años sin poder ayudar a su hija. Y ahora, finalmente, podían "oír" su voz. Más tarde, Anne enseñó a Helen a leer y a escribir. Muchas personas creían que sería imposible. Pero Anne y Helen trabajaron mucho para comunicarse con otras personas.

Letra cuadrada

Anne primero enseñó a Helen a usar *caligrafía cuadrada*. La escritura se hacía sobre un tablero que tenía cuadrados profundos tallados en él. Los bordes guiaban a Helen para dibujar las letras cuadradas.

Helen leyendo

El misterio del lenguaje

Helen escribió sobre la sensación que tuvo ese famoso día junto a la bomba de agua. "En cierto modo me fue revelado el misterio del lenguaje". Helen sintió que "volvía a nacer" cuando pudo escribir la palabra *mamá* sobre la mano de su madre.

17

Braille

A medida que las destrezas de Helen se fortalecían, Anne le enseñó a entender braille. El braille fue inventado por un hombre ciego llamado Louis Braille a principios de la década de 1820. Braille supo de una persona en el ejército francés que usaba puntos y rayas en relieve en medio de la oscuridad de la noche. Braille tomó esa idea y la simplificó. Utilizó grupos de seis pequeños puntos en relieve para identificar las letras tocándolas con un dedo. Con este sistema, una persona ciega podía escribir utilizando una herramienta sencilla.

En la actualidad, el braille se sigue utilizando para leer y escribir. Sin embargo, muchas personas usan la tecnología moderna, como por ejemplo los audiolibros, en lugar de leer.

Este joven usa una máquina que escanea el libro y lo lee en voz alta a través de un altavoz.

Alfabeto braille

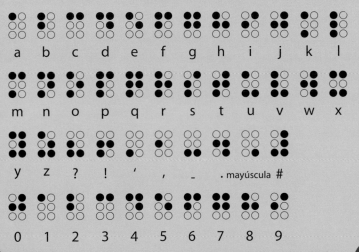

| a | b | c | d | e | f | g | h | i | j | k | l |

| m | n | o | p | q | r | s | t | u | v | w | x |

| y | z | ? | ! | ' | , | _ | . | mayúscula | # |

| 0 | 1 | 2 | 3 | 4 | 5 | 6 | 7 | 8 | 9 |

Louis Braille

Usa el alfabeto braille para leer el siguiente mensaje.

Capítulo 2

Una nueva vida

Muchas personas se asombraban por todas las cosas que Helen era capaz de hacer. Las historias sobre ella y Anne Sullivan aparecían en los periódicos. Cuando Helen tenía ocho años de edad, la invitaron a Boston. Helen viajó en tren con su madre y Anne Sullivan. Nunca antes había salido de su casa. Sentía curiosidad por cómo era el mundo. Anne escribió las palabras en las manos de Helen. Describió todo lo que veía durante el viaje.

Encuentro con el Presidente

En este mismo viaje, Helen viajó a la Casa Blanca para conocer al presidente Grover Cleveland. El Presidente había oído sobre la forma maravillosa en que Anne Sullivan estaba ayudando a Helen y quiso conocerlas personalmente.

Presidente Grover Cleveland

Aprendizaje en el extranjero

En la década de 1880, muchas de las personas que estudiaban sobre discapacidades vivían en Europa. En los 40 años anteriores a la fundación de la Escuela Perkins en Estados Unidos, los educadores construían escuelas para sordos y ciegos en Europa. Muchos de los maestros de Perkins habían sido entrenados en Europa.

Perkins Institution for The Blind, Watertown, Mass.

Perkins albergaba la colección más grande de libros en braille de Estados Unidos.

El campus de Perkins en Boston.

Cuando llegaron a Boston se dirigieron a Perkins. Era la escuela donde Anne Sullivan había estudiado. Todos los alumnos de Perkins eran ciegos o sordos. Anne y Helen pasaron tres inviernos allí. Año tras año, pudieron aprender cosas nuevas. A Helen le encantaba explorar la biblioteca de la escuela. Estudió muchas asignaturas, como geografía, matemáticas y francés. Pero su mayor alegría fue encontrar a otros niños que también utilizaban el alfabeto manual.

Una nueva forma de hablar

Helen quería aprender a hablar. Los niños aprenden escuchando; **imitan** los sonidos que escuchan. Helen nunca había escuchado hablar a las personas, pero estaba convencida de que si ella y Anne lo intentaban, juntas encontrarían la manera de que Helen aprendiera a hablar.

Cuando Helen tenía 10 años de edad, pidieron ayuda a una mujer llamada Sarah Fuller. Sarah Fuller había viajado a Europa con el fin de aprender técnicas para ayudar a las personas ciegas y sordas. Ella le enseñó a Helen a usar las manos para escuchar, tocando los labios, la lengua y la garganta de la persona que hablaba. Helen usaba sus dedos para "ver" cómo se movían los labios de la persona. Y usaba la **vibración** de la garganta para "oír" lo que se decía.

Helen utilizó la técnica de Sarah Fuller para "ver" y "oír" hablar a un niño.

Anne Sullivan hablaba en una máquina grabadora para ayudar a hablar a Helen.

Nunca se dio por vencida

Helen Keller nunca pudo hablar con tanta claridad como las personas que aprenden escuchando a otros. Fue una gran desilusión para ella. No obstante, nunca dejó de intentar mejorar su forma de hablar.

Encontrar su voz

Helen usó varios métodos para comunicarse con el mundo. Estaba decidida a hacer oír su voz y a entender lo que otros decían.

Leer los labios

Helen a veces tenía su propia forma de leer los labios. Ella usaba los dedos índice, medio y pulgar de su mano izquierda para tocar las ventanas de la nariz, los labios y las gargantas de las personas para entender las palabras.

Helen "escuchaba" a los cantantes con sus manos. Con su mano derecha marcaba el ritmo.

Alfabeto manual

Los lectores videntes no leen letra por letra; leen cada palabra como un conjunto de letras. Helen Keller comprendía de la misma manera las palabras del alfabeto manual. Ella no interpretaba letra por letra; entendía cada palabra por separado.

"El método de la señorita Fuller era el siguiente: pasaba mi mano ligeramente sobre su rostro y me dejaba sentir la posición de su lengua y de sus labios cuando emitía un sonido. Estaba ansiosa por imitar cada movimiento, y en el transcurso de una hora había aprendido seis elementos del habla: M, P, A, S, T, I. Nunca olvidaré la sorpresa y el placer que sentí cuando pronuncié mi primera oración coherente: Hace calor".

—Helen Keller

Helen Keller (izquierda) "escucha" a su instructora, Anne Sullivan, sintiendo las vibraciones de sus labios.

Hacer lo imposible

Helen estaba ansiosa por ir a la escuela. Su familia no tenía tanto dinero como en otra época. Además, quería ocuparse de sí misma. Para ser aceptada, Helen sabía que tendría que aprobar muchos exámenes. A los 16 años, fue a prepararse junto a Anne Sullivan a la *Cambridge School for Young Ladies*. A muchas personas les agradó Helen. Sin embargo, algunas pensaron que sus discapacidades le impedirían ingresar a la escuela.

Cambridge era un lugar **intimidante**. Helen nunca había asistido a una escuela junto a estudiantes que podían ver, oír y hablar. La trataron como a cualquier otro alumno. Helen necesitaba más tiempo que los demás alumnos para hacer el trabajo. Pero trabajaba con Anne. Y Helen aprobó los exámenes de ingreso a la escuela con honores.

Encontrar los libros correctos

En sus primeros tiempos en Cambridge, Helen y Anne no podían encontrar libros en braille. Es decir que Anne tenía que escribir la forma de cada letra de cada palabra en las manos de Helen. Era un trabajo agotador para ambas. En la actualidad existen leyes que exigen que los alumnos puedan disponer de libros en braille.

Aprender más

Cuando ingresó a la escuela, Helen escribió las siguientes líneas en su diario:

"Descubro que tengo… cosas que aprender en mi vida escolar aquí —y ciertamente en la vida— pensar con claridad, sin apuro o confusión, amar a todos con sinceridad, actuar en todo con las motivaciones más elevadas…"

Helen fue admitida en la Universidad de Radcliffe. Le encantaba leer y escribir. El inglés era su asignatura favorita. La maestra de Helen le sugirió que escribiera para una revista. Helen comenzó a escribir historias simples sobre su vida. Escribió sobre sus luchas, sobre Anne Sullivan y sobre cómo aprendió a ser ella misma. A la gente le encantaron sus historias. En 1903, los artículos de Helen fueron compilados en un libro. Y gente de todo el mundo lo leyó.

RADCLIFFE COLLEGE.

CERTIFICATE OF ADMISSION.

CAMBRIDGE, *July 4* 1899.

Harvard o Radcliffe

Cuando era pequeña, Helen le dijo a Anne que algún día iría a Harvard. Pero en el 1900, las mujeres no tenían permitido ir a Harvard. En cambio, eran admitidas en Radcliffe, una escuela hermana. Tanto Anne como Helen sintieron que Helen había alcanzado su sueño cuando la aceptaron en Radcliffe.

Carta de admisión de Helen a Radcliffe

En 1904, Helen se graduó en Radcliffe. Ella y Anne Sullivan cruzaron el escenario juntas para aceptar el **diploma**. La multitud la vitoreó con tanta fuerza que Helen pudo sentir las vibraciones. Había logrado lo que muchas personas le habían dicho que era imposible. Nadie pensó que una muchacha que no podía oír, ver ni hablar podía llegar a nada. Pero Helen se graduó en la universidad. Y se había convertido en una autora **publicada**.

Perseverante

Una vez alguien preguntó a Helen por qué había elegido ir a Radcliffe. Ella bromeó: "Porque no me querían en Radcliffe y, como soy terca, decidí ignorar sus **objeciones**".

Capítulo 3

Cuenta su historia

Helen amaba mucho a Anne Sullivan. Anne fue la mujer que ayudó a Helen a escapar del mundo oscuro que alguna vez había vivido de niña. Helen nunca quiso que otros jóvenes se sintieran tan solos y desorientados como ella se había sentido. Durante muchos años, Helen y Anne viajaron por el país dando conferencias. Enseñaron a las personas a hablar entre sí usando las manos. La gente dijo a Helen que, a pesar de ser diferente, ella podía hacer realidad sus sueños.

Vida juntas

Helen usó el dinero que ganó con su libro para comprar una casa para ella y Anne. Dijo a Anne que deseaba "dedicar [mi] vida a aquellas personas que sufren de pérdida de visión".

Casa de Helen y Anne

Keller, Sullivan y Macy

Anne Sullivan se casa

Mientras estaban en Radcliffe, un hombre llamado John Macy colaboró en la edición de la biografía de Helen. Él y Anne se enamoraron y se casaron en 1905. Macy sabía lo importante que era Helen para Anne. Los tres se mudaron juntos y vivieron como una familia. Desafortunadamente el matrimonio no resultó.

Amigas para siempre

A medida que Helen se convertía en adulta, todo tipo de personas se interesaban en su historia. En 1918, ella y Anne fueron a Hollywood; se estaba haciendo una película sobre la vida de Helen. Estaban contentas con la película; sin embargo, era demasiado dramática para el gusto de ambas. Helen y Anne decidieron contar al mundo la verdadera historia. Viajaron juntas por el mundo y conocieron a muchas personas.

Con el tiempo, ambas mujeres envejecieron. Dejaron de viajar y alquilaron una casa pequeña sobre la playa. La salud de Anne empeoró cada vez más, hasta que murió, el 20 de octubre de 1936. Helen estaba a su lado, sosteniendo la mano de su maestra.

Chaplin con Thomson, Keller y Sullivan

Nueva compañía

Helen y Anne contrataron a Polly Thomson para que viajara con ellas. Como Anne y Helen trabajaban sin descanso, no tenían tiempo para dedicarse a otros quehaceres. Contrataron a Thomson para ayudar a Helen y Anne a organizarse.

Keller y Thomson en casa con sus perros

Adiós, Anne

Anne Sullivan tenía problemas de salud desde hacía mucho tiempo. Pero amaba estar con Helen. Dijo a Helen: "Me estoy esforzando mucho por vivir para ti".

Libros y películas

Durante su vida, Helen Keller publicó más de 10 libros. En su adultez, recorrió Estados Unidos y viajó por todo el mundo. Incluso llegó a ser protagonista de una película sobre su vida.

1903: *La historia de mi vida*

1908: *El mundo en el que vivo*

1927: *Mi religión*

1929: *Centro de la corriente: mi vida posterior*

1938: *El diario de Helen Keller*

1955: *Maestra: Anne Sullivan Macy*

1957: *La puerta abierta*

En 1955, Helen recibió un Óscar por el documental sobre su vida.

pasaporte de
Helen Keller

encuentro con
jóvenes admiradores

El mundo de Helen

A mucha gente le encantó la bella escritura de Helen en *El mundo en el que vivo*. Helen contó cómo experimentaba el mundo a través del olfato, el gusto y el tacto. Escribió sobre cómo usaba las manos para "ver" el mundo. Más tarde, cuando aprendió a comunicarse con las personas, vio el mundo a través de las palabras que la gente utilizaba. En el libro manifestó que se sentía tan bien con respecto a su vida como las personas que podían ver y oír.

Días finales

Cuando Anne Sullivan falleció, muchas personas creyeron que Helen evitaría la vida pública. Sin embargo, Helen sabía que Anne no hubiese querido eso. Por el contrario, Helen continuó viajando por el mundo, llevando esperanzas a las personas ciegas. Fue la misma esperanza que Anne le había dado a ella.

Cuando Helen envejeció, ya no pudo seguir viajando. En 1961 Helen sufrió un **derrame cerebral**. Pasó el resto de su vida escribiendo y leyendo en su casa. El 1.º de junio de 1968, Helen Keller murió. A pesar de que nunca pudo ver u oír, nada le impidió disfrutar de la vida. Amó el aprendizaje y la investigación. Y se negó a permitir que nada le impidiera seguir sus sueños.

Tributo importante

En 1964, Helen Keller recibió uno de los honores más importantes de Estados Unidos. El presidente Lyndon Johnson le otorgó la Medalla Presidencial de la Libertad. El premio fue en reconocimiento a su trabajo para ayudar a los ciegos y discapacitados.

Hechos más importantes

Helen viajó a 39 países durante toda su vida. En la actualidad, Helen Keller International continúa la labor de Helen Keller. Helen Keller fue la cofundadora de esta **organización sin fines de lucro** que trabaja para evitar la ceguera en todo el mundo. Estos son algunos de los lugares favoritos que visitó Helen.

México   Islandia   Egipto   India   Japón

Brasil   Francia   Australia

Un legado vivo

El **legado** que dejó Helen Keller, el de ayudar a las personas, continúa vivo. *Helen Keller International* trabaja para prevenir la ceguera y mejorar la nutrición. El campamento Helen Keller ofrece un campamento de verano de seis semanas para niños ciegos. Los jóvenes tienen la libertad de jugar, hacer artesanías, nadar y bailar. *Helen Keller Services for the Blind* ofrece una variedad de servicios y programas para todas las edades. Uno de ellos es el *Louis Anzalone Braille Center*, importante productor de textos en braille. A través de su legado, el sueño de Helen permanece firme. Ella continúa enseñándole al mundo nuevas maneras de ver.

"Las cosas más hermosas del mundo, las mejores, no pueden verse ni tocarse, sino más bien sentirse con el corazón".

—Helen Keller

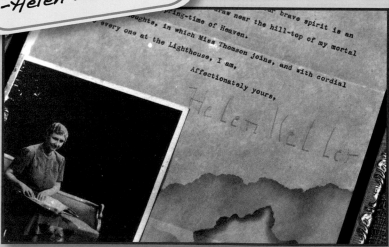

Helen Keller con la actriz Patty Duke, quien representó a la joven Helen en teatro y en la película *El milagro de Anne Sullivan*.

Línea de tiempo de la vida de Helen Keller

1880
Helen nace en Tuscumbia, Alabama.

1882
Una enfermedad deja a Helen ciega y sorda.

1887
Llega Anne Sullivan.

1888
Helen hace su primer viaje a Perkins.

1896
Helen asiste a la *Cambridge School for Young Ladies.*

1900–1904
Helen asiste a la Universidad de Radcliffe.

1902
Se publican los artículos de Helen.

40

¡ALTO! PIENSA...

- ¿Qué es lo que más admiras de Helen Keller?

- ¿Por qué crees que Helen asistió a la escuela durante tantos años?

- ¿Qué clase de vida habría tenido Helen sin su maestra Anne Sullivan?

1903
Se publica *La historia de mi vida*.

1904
Helen se gradúa en Radcliffe.

1962
Se estrena la película *El milagro de Anne Sullivan*.

1936
Anne Sullivan va al hospital, donde posteriormente muere.

1968
Helen muere.

Glosario

abandonada: sola y sin ayuda

amputación: sacar una parte del cuerpo debido a una enfermedad o lesión

aplicó: hizo que alguien obedeciera una regla o una ley

asilo de pobres: un lugar donde viven los huérfanos y las personas que no pueden afrontar sus gastos

ciegas: que no pueden ver

dañada: que no funciona perfectamente

decididos: firmemente comprometidos

derrame cerebral: una afección médica causada por el bloqueo o la ruptura de un vaso sanguíneo en el cerebro; puede ocasionar pérdida muscular o de sensibilidad, o incluso la muerte

diploma: un documento que indica que una persona se graduó en una escuela

discapacidades: falta de capacidad o fuerza para realizar las actividades o para realizarlas completamente

escarlatina: una enfermedad que incluye fiebre, dolor en la nariz, garganta y boca, además de un sarpullido rojo

imitan: copian

intimidante: que da tanto miedo o asusta tanto que una persona cuestiona su propia capacidad para hacer algo

legado: algo recibido del pasado

meningitis: una enfermedad en la cual el cerebro o la médula espinal se infecta

objeciones: razones para no querer o desear algo

oculista: un médico que se especializa en los ojos

organización sin fines de lucro: una organización que utiliza sus ingresos para apoyar una buena causa

publicada: haber escrito artículos o libros que muchas personas pueden comprar y leer

sordas: que no pueden oír

suplicaron: rogaron

vibración: movimiento rápido de un lado a otro; movimiento tembloroso creado por ondas de sonido

Índice

Bibliografía

Cottin, Menena. *The Black Book of Colors.*
Groundwood Books, 2008.

Experimenta este libro con tus dedos en lugar de con tus ojos. Las ilustraciones están hechas con líneas en relieve y están acompañadas de texto escrito y letras en braille.

Davidson, Margaret. *Louis Braille: The Boy Who Invented Books for the Blind.* **Scholastic Paperbacks, 1991.**

Aprende sobre el hombre que inventó el sistema braille, el alfabeto para personas ciegas, cuando tenía solamente 15 años.

Garrett, Leslie. *Helen Keller: A Photographic Story of a Life.* **DK Children, 2004.**

Un libro lleno de fotografías, hechos y citas sobre la vida de Helen Keller. También incluye una línea de tiempo de los acontecimientos con fotografías.

Gibson, William. *The Miracle Worker.* **Scribner, 2008.**

Esta obra de teatro muestra la vida de Helen Keller de estudiante, con Anne Sullivan como su traductora. La obra dramática ha sido representada en escuelas y teatros de todo el mundo.

Smith, Kristie. *Dottie and Dots See Animal Spots: Learning Braille with Dots and Dottie.* **iUniverse, Incorporated, 2007.**

¿Quieres aprender braille? Puedes aprender a leer el alfabeto braille a través de dos personajes que viajan al zoológico y ven letras y palabras en braille.

Más para explorar

Garden of Praise

http://gardenofpraise.com/ibdkell.htm

Este sitio web incluye una biografía de Helen Keller fácil de leer, y también juegos. Al final de la página encontrarás un video de siete minutos, con imágenes de Helen Keller.

Helen Keller Kids Museum Online

http://www.braillebug.org/hkmuseum.asp

Este sitio web es parte del sitio en Internet de la *American Foundation for the Blind*. Incluye muchas fotografías de las personas y los lugares que fueron importantes en la vida de Helen Keller.

Ivy Green

http://www.helenkellerbirthplace.org

Explora el lugar donde nació Helen Keller a través de fotografías, planos y mapas. Si estás en Alabama, ¡puedes hacer una visita!

Kids Konnect

http://www.kidskonnect.com

Este sitio web incluye una breve biografía. También ofrece más de veinticuatro enlaces a sitios web relacionados. Para saber más sobre Helen Keller, haz clic en *Alphabetized Index* en la parte superior. Haz clic en la *K*. Desplázate hacia abajo y haz clic en *Keller, Helen*.

Neuroscience For Kids

http://faculty.washington.edu/chudler/chtouch.html

Estos 16 experimentos te darán la oportunidad de concentrarte en utilizar tu sentido del tacto, en lugar del oído o la vista, para identificar objetos.

Acerca de la autora

Tamara Leigh Hollingsworth nació y se crió en Cupertino, California. Asistió a la Universidad de Hollins, donde obtuvo un título en Inglés. Es maestra de inglés de escuela preparatoria desde hace muchos años. Actualmente reside en Atlanta, Georgia. Cuando no trabaja con sus queridos alumnos, a Tamara le encanta compartir tiempo con su esposo, su hija y sus libros, especialmente las biografías.